Impressum
Verlag: BABADADA GmbH, Nedderfeld 112 , 22529 Hamburg
Geschäftsführer / Verlagsleitung: Harald Hof
Druck: Books on Demand GmbH, In de Tarpen 42, 22848 Norderstedt

Imprint
Publisher: BABADADA GmbH, Nedderfeld 112 , 22529 Hamburg, Germany
Managing Director / Publishing direction: Harald Hof
Print: Books on Demand GmbH, In de Tarpen 42, 22848 Norderstedt, Germany

училище
škola

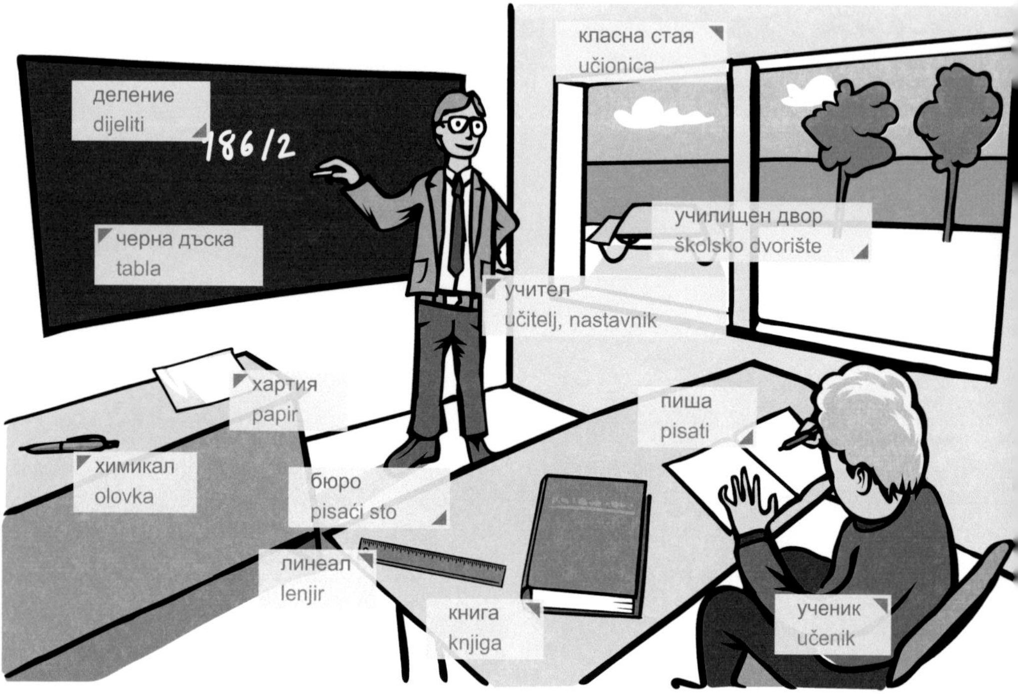
класна стая
učionica
деление
dijeliti
186/2
черна дъска
tabla
училищен двор
školsko dvorište
учител
učitelj, nastavnik
хартия
papir
пиша
pisati
химикал
olovka
бюро
pisaći sto
линеал
lenjir
книга
knjiga
ученик
učenik

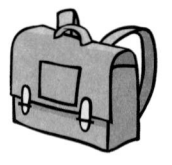

ученическа раница

torba

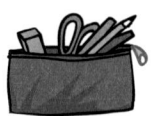

ученически несесер

pernica

молив

drvena olovka

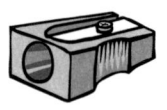

острилка за моливи

šiljalo za olovke

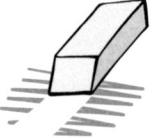

гума

gumica

блок за рисуване

blok za crtanje

рисунка

crtež

четка

kist

акварелни бои

kutija s bojama

ножица

makaze

лепило

ljepilo

тетрадка за упражнения

vježbanka

домашна работа

domaća zadaća

число

broj

събиране

sabirati

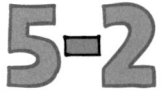

изваждане

oduzimati

умножение

množiti

смятане

računati

буква

slovo

азбука

abeceda

дума

riječ

текст

tekst

чета

čitati

тебешир

kreda

час

sat

дневник на класа

školski dnevnik

изпит

ispit

свидетелство

svjedočanstvo

ученическа униформа

školska uniforma

образование

izobrazba

справочник

leksikon

университет

univerzitet

микроскоп

mikroskop

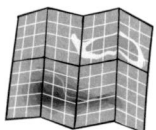

карта

karta

кошче за хартиени
отпадъци

korpa za papir

пътуване

putovanje

хотел
hotel
Grand
хостел
hostel
ROOMS
обменно бюро
mjenjačnica
EXCHANGE
куфар
kofer
кола
auto

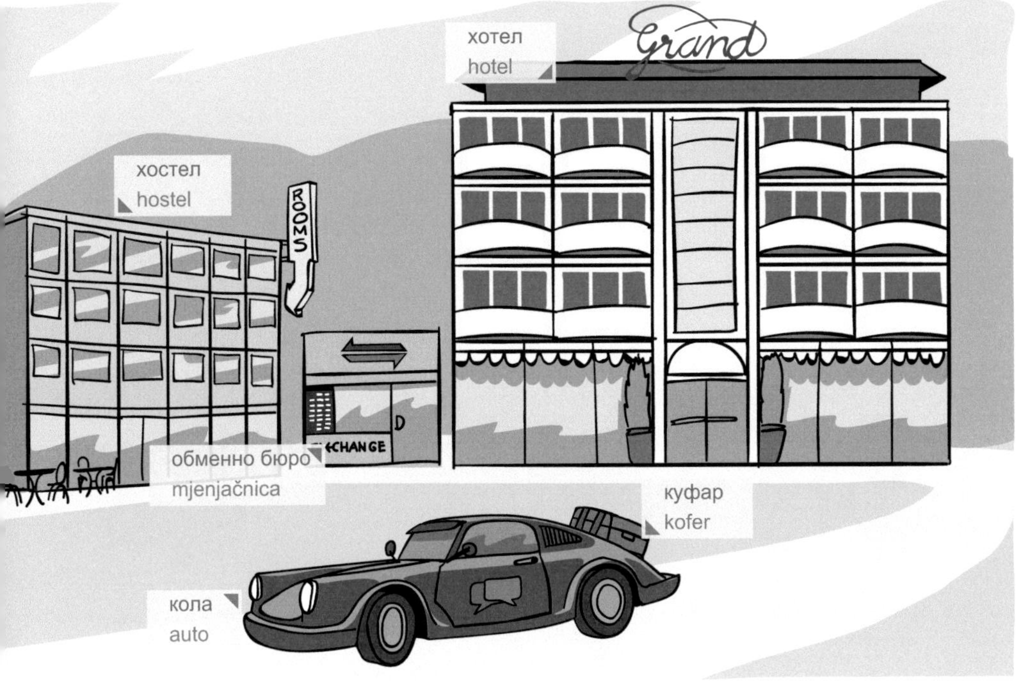

език

jezik

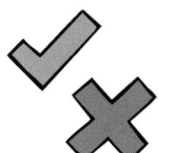

да / не

da / ne

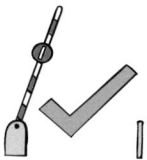

Окей

okej

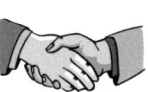

здравей

zdravo

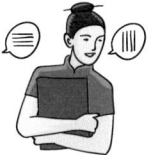

преводач

tumač

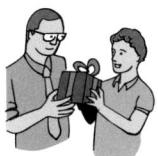

Благодаря

hvala

Колко струва…?

Koliko košta...?

Не разбирам

Ne razumijem

проблем

problem

Добър вечер!

dobro veče!

Добро утро!

Dobro jutro!

Лека нощ!

Laku noć!

довиждане

doviđenja

посока

smjer

багаж

prtljag

пътна чанта

torba

раница

ruksak

посетител

gost

стая

soba

спален чувал

vreća za spavanje

палатка

šator

ристическа информация

turističke informacije

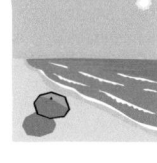

плаж

plaža

кредитна карта

kreditna kartica

закуска

doručak

обед

ručak

вечеря

večera

билет

putna karta

асансьор

lift

пощенска марка

poštanska markica

граница

granica

митница

carina

посолство

ambasada

виза

viza

паспорт

pasoš

пътуване - putovanje

транспорт
transport

кораб
brod

самолет
avion

пожарна кола
vatrogasno vozilo

товарен автомобил
kamion

автобус
autobus

моторна лодка
motorni čamac

велосипед
biciklo

кола
auto

ферибот

trajekt

лодка

brod

мотоциклет

motocikl

полицейска кола

policijski automobil

състезателна кола

trkaći automobil

кола под наем

unajmljeni automobil

каршеринг

kar-šering

автомобил от "Пътна помощ"

pauk

сметовоз

smećarsko vozilo

двигател

motor

бензин

gorivo

бензиностанция

benzinska pumpa

пътен знак

saobraćajni znak

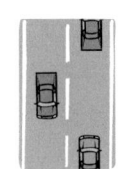

улично движение

saobraćaj

задръстване

zastoj

паркинг

parking

гара

željeznička stanica

релси

šine

влак

voz

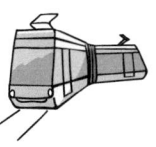

трамвай

tramvaj

вагон

vagon

хеликоптер

helikopter

аерогара

aerodrom

кула

toranj

пасажер

putnik

контейнер

kontejner

кашон

karton

ръчна количка

tačke

кошница

korpa

излитам / приземявам се

poletjeti / sletjeti

град

grad

село

selo

градски център

centar grada

къща

kuća

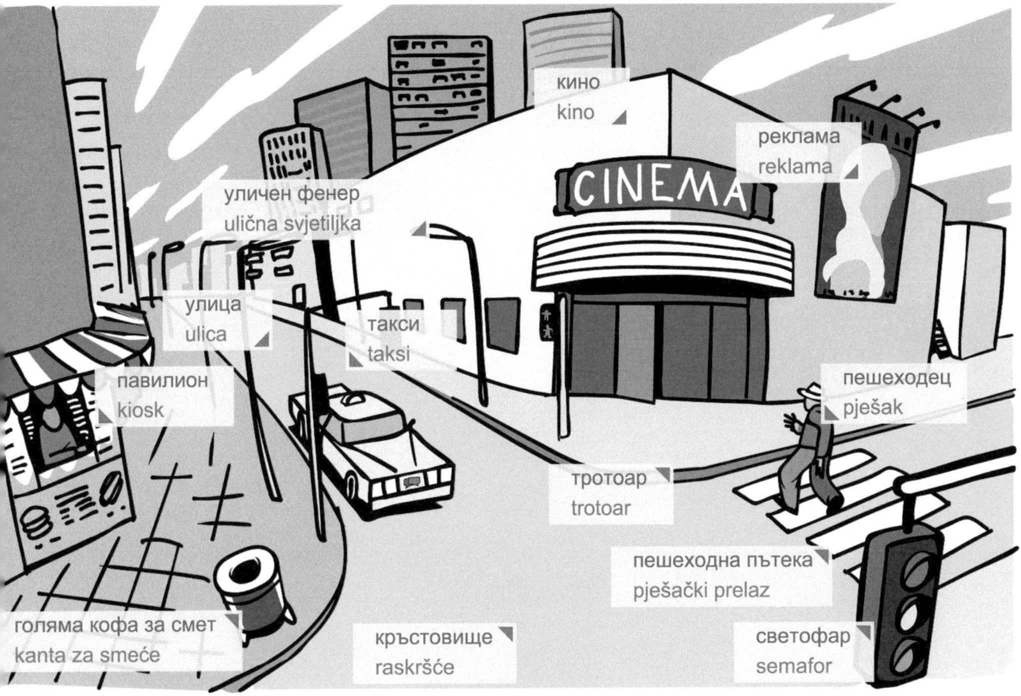

кино
kino
реклама
reklama
CINEMA
уличен фенер
ulična svjetiljka
улица
ulica
такси
taksi
павилион
kiosk
пешеходец
pješak
тротоар
trotoar
пешеходна пътека
pješački prelaz
голяма кофа за смет
kanta za smeće
кръстовище
raskršće
светофар
semafor

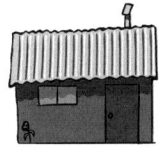

хижа

koliba

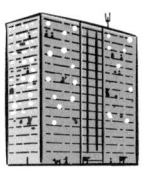

жилище

stan

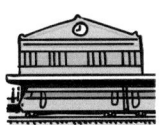

гара

željeznička stanica

кметство

vjećnica

MUSEUM

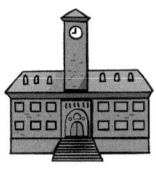

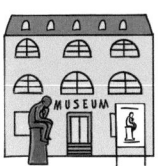

музей

muzej

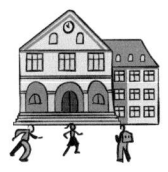

училище

škola

университет

univerzitet

банка

banka

болница

bolnica

хотел

hotel

аптека

apoteka

офис

ured

книжарница

knjižara

магазин за цветя

radnja

магазин за цветя

cvjećara

супермаркет

supermarket

пазар

pijaca

универсален магазин

robna kuća

търговец на риба

prodavač ribe

търговски център

trgovački centar

пристанище

luka

12   град - grad

парк

park

пейка

klupa

мост

most

стълба

stepenice

метро

podzemna željeznica

тунел

tunel

автобусна спирка

autobuska stanica

бар

bar

ресторант

restoran

пощенска кутия

poštanski sandučić

улична табелка

saobraćajni znak

часовник за паркинг престой

sat za naplatu parkinga

зоологическа градина

zoološki vrt

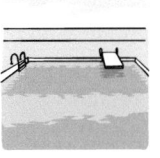

плувен басейн

bazen

джамия

džamija

селски двор

seosko imanje

замърсяване на околната среда

zagađenje okoline

гробище

groblje

църква

crkva

детска площадка

igralište

храм

hram

пейзаж
krajolik

листо
list

пътепоказател
putokaz

път
putokaz

ливада
livada

камък
kamen

дърво
drvo

пътешественик
putnik

река
rijeka

трева
trava

цвете
cvijet

долина

dolina

планина

brdo

море

jezero

гора

šuma

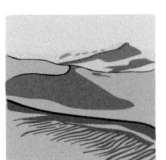

пустиня

pustinja

вулкан

vulkan

замък

dvorac

дъга

duga

гъба

gljiva

палма

palma

комар

komarac

муха

muha

мравка

mrav

пчела

pčela

паяк

pauk

бръмбар

buba

жаба

žaba

катеричка

vjeverica

таралеж

jež

заек

zec

кукумявка

sova

птица

ptica

лебед

labud

диво прасе

divlja svinja

елен

jelen

лос

los

бент

brana

вятърна турбина

vjetrenjača

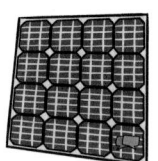

соларен модул

solarni modul

климат

klima

16   пейзаж - krajolik

ресторант

restoran

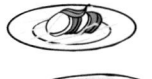

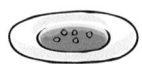

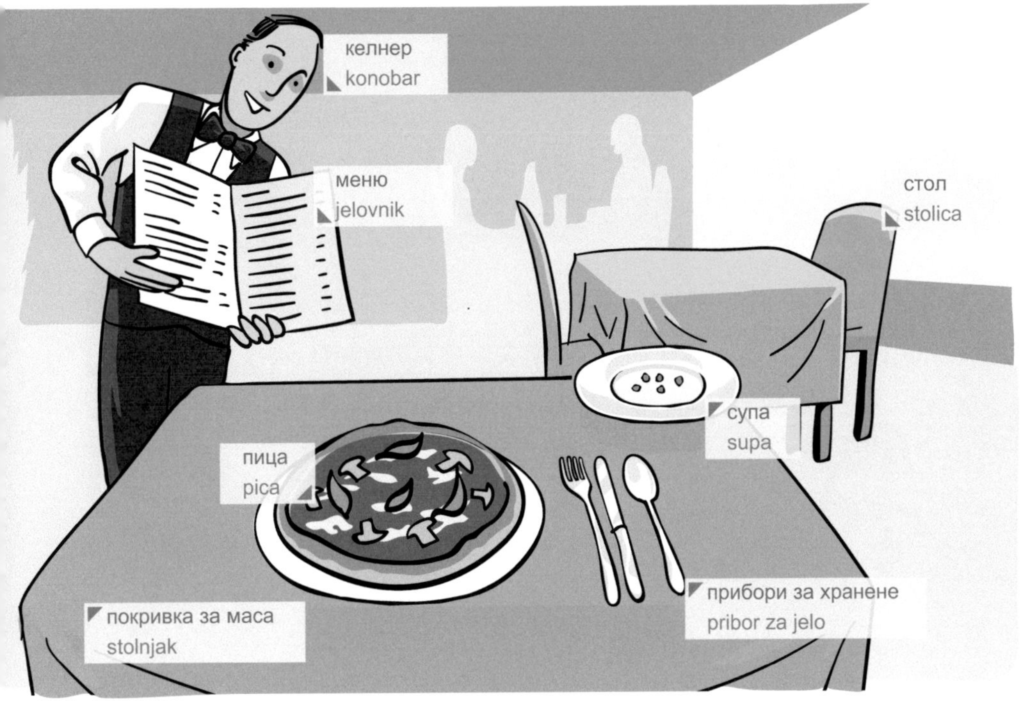
келнер
konobar
меню
jelovnik
стол
stolica
супа
supa
пица
pica
прибори за хранене
pribor za jelo
покривка за маса
stolnjak

предястие

predjelo

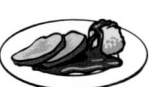

основно ястие

glavno jelo

десерт

desert

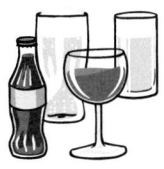

напитки

piće

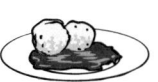

ядене

jelo

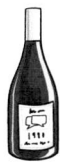

бутилка

flaša

бързо хранене

brza hrana

улична храна

jelo sa ulice

кана за чай

čajnik

кутия за захар

šećernica

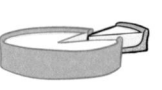

порция

porcija

еспресо машина

mašina za espreso

висок детски стол

barska stolica

сметка

račun

табла

tacna

ножица за нокти

nož

вилица

viljuška

лъжица

kašika

чаена лъжичка

kašičica

салфетка

salveta

стъклена чаша

čaša

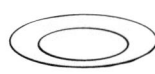

чиния

tanjir

чиния за супа

tanjir za supu

чинийка

tanjurić

сос

sos

солница

solanik

мелничка за черен пипер

mlin za biber

оцет

sirće

олио

ulje

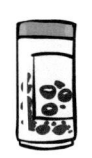

подправки

začini

кетчуп

kečap

горчица

senf

майонеза

majoneza

супермаркет
supermarket

оферта
ponuda
FOR
клиент
klijent
млечни продукти
mliječni proizvodi
плодове
voće
количка за покупки
kolica za kupovinu

BUTCHERS

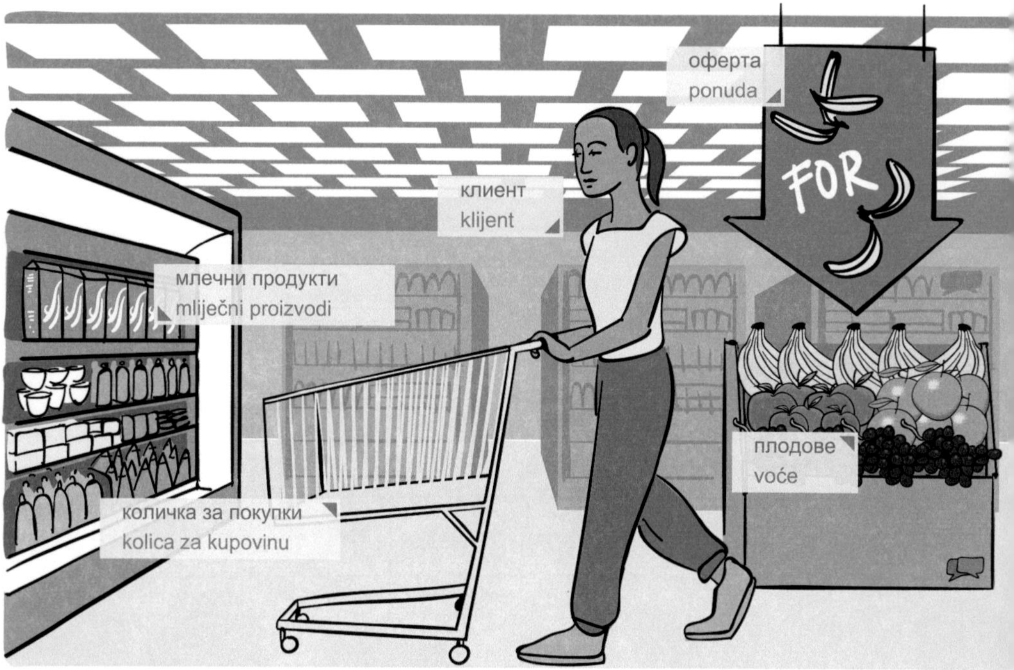

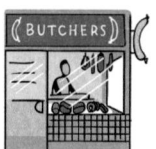

кланица

mesnica- klaonica

BAKERY

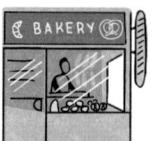

хлебарница

pekara

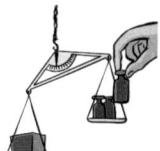

тегля

vagati

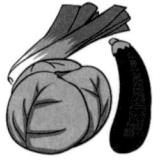

зеленчуци

povrće

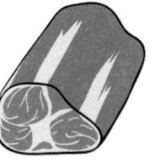

месо

meso

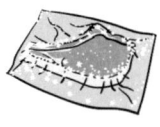

дълбоко замразена храна

zaleđena hrana

нарязан колбас или
сирене
narezak

консерви

konzerve

перилен препарат

prašak za veš

лакомства

slatkiši

домакински изделия

kućanski proizvodi

почистващи препарати

sredstvo za čišćenje

продавачка

prodavačica

каса

kasa

касиер

blagajnik

списък на покупките

lista za kupovinu

работно време

radno vrijeme

портфейл

novčanik

кредитна карта

kreditna kartica

чанта

torba

пластмасова торба

najlonska vrećica

вода

voda

сок

sok

мляко

mlijeko

кола

kola

вино

vino

бира

pivo

алкохол

alkohol

какао

kakao

чай

čaj

кафе машина

kafa

еспресо

espreso

капучино

kapućino

банан

banana

ябълка

jabuka

портокал

narandža

пъпеш

lubenica

лимон

limun

морков

mrkva

чесън

bijeli luk

бамбук

bambus

лук

crveni luk

гъба

gljiva

ядки

orašasti plodovi

макарони

pasta

спагети

špagete

ориз

riža

салата

salata

пържени картофи

pomfrit

печени картофи

pečeni krompir

пица

pica

хамбургер

hamburger

сандвич

sendvič

шницел

šnicla

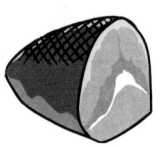

шунка

šunka

траен колбас

kobasica

салам

kobasica

пиле

kokoš

печено

pečenje

риба

riba

ядене - jelo

овесени ядки

zobene pahuljice

мюсли

muzli

корнфлейкс

kornfleks

брашно

brašno

кроасан

kroason

хлебчета

zemičke

хляб

kruh

препечена филийка

tost

бисквити

keksi

масло

maslac

извара

svježi sir

сладкиш

kolač

яйце

jaje

яйца на очи

jaje na oko

сирене

sir

сладолед

sladoled

захар

šećer

мед

med

мармалад

marmelada

нуга крем

nugat krema

къри

kuri

селски двор
seosko imanje

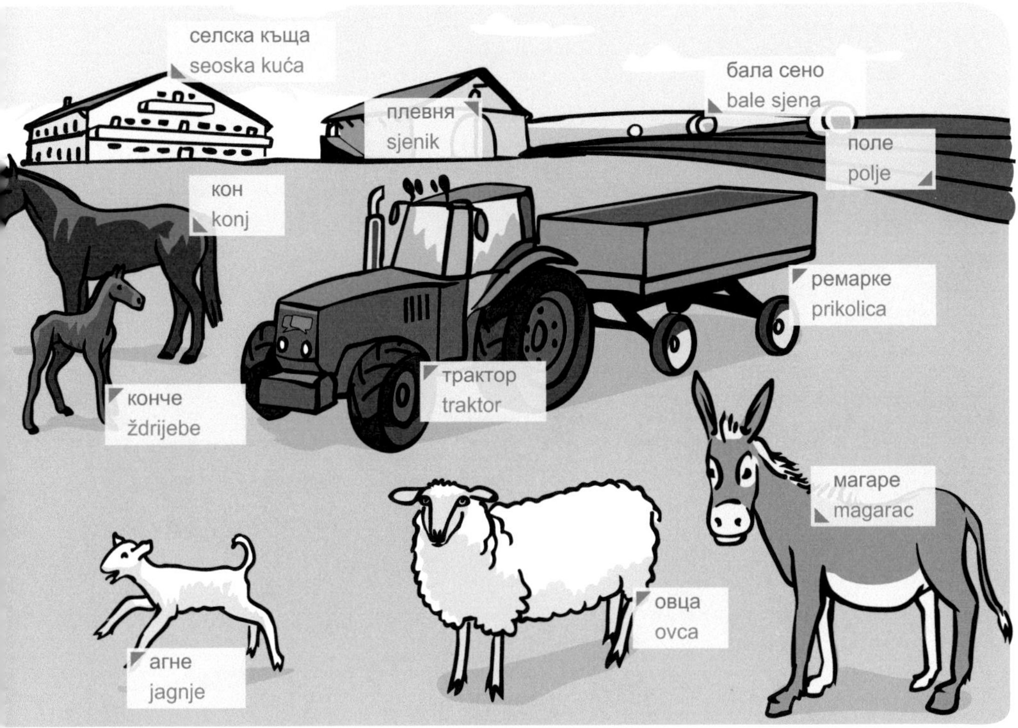
селска къща
seoska kuća
бала сено
bale sjena
плевня
sjenik
поле
polje
кон
konj
ремарке
prikolica
трактор
traktor
конче
ždrijebe
магаре
magarac
овца
ovca
агне
jagnje

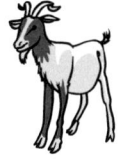

коза

koza

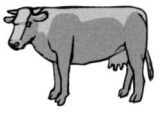

крава

krava

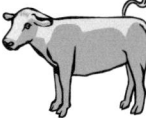

теле

tele

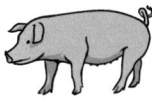

свиня

svinja

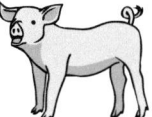

прасенце

prase

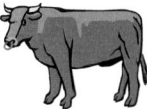

бик

bik

гъска

guska

патица

patka

пиленце

pile

кокошка

kokoška

петел

pjetao

плъх

pacov

котка

mačka

мишка

miš

вол

vol

куче

pas

кучешка колиба

pseća kućica

градински маркуч

crijevo za baštu

лейка

kanta za zalijevanje

коса

kosa

плуг

plug

селски двор - seosko imanje

сърп

srp

мотика

motika

вила за тор

vile

брадва

sjekira

ръчна количка

tačke

корито

korito

съд за мляко

bokal za mlijeko

чувал

vreća

ограда

ograda

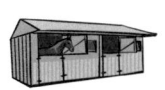

обор

štala

парник

staklenik

земя

tlo

сеитба

sjeme

тор

đubrivo

комбайн

kombajn

жъна
kositi

реколта
žetva

ямс
jam korijen

жито
pšenica

соя
soja

картоф
krompir

царевица
kukuruz

рапица
uljana repica

овощно дърво
drvo voća

маниока
manioka

зърнени храни
žito

къща
kuća

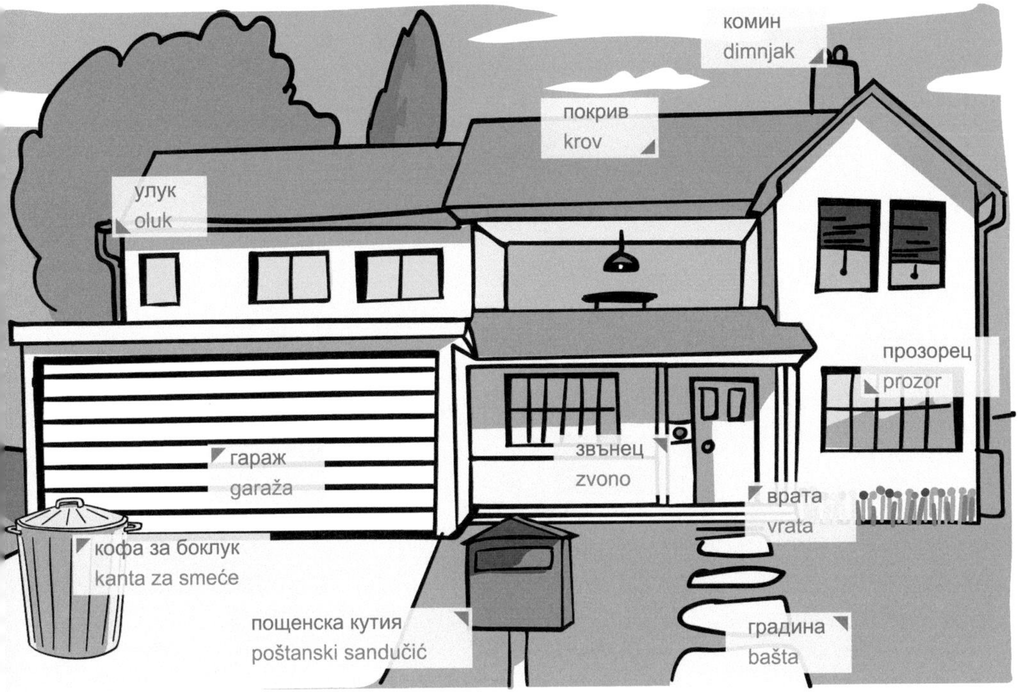

комин
dimnjak
покрив
krov
улук
oluk
прозорец
prozor
гараж
garaža
звънец
zvono
врата
vrata
кофа за боклук
kanta za smeće
пощенска кутия
poštanski sandučić
градина
bašta

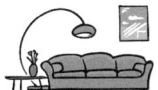

всекидневна

dnevni boravak

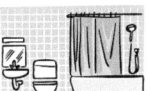

баня

kupatilo

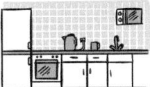

кухня

kuhinja

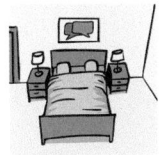

спалня

spavaća soba

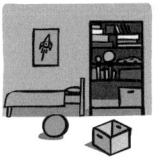

детска стая

dječija soba

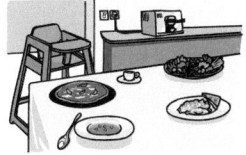

трапезария

trpezarija

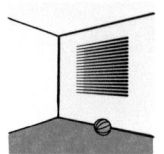

под
pod, tlo

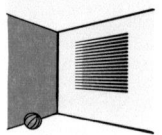

стена
zid

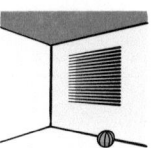

таван
plafon

изба
podrum

сауна
sauna

балкон
balkon

тераса
terasa

плувен басейн
bazen

косачка
kosilica

спално бельо
posteljina

покривка за легло
pokrivač

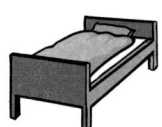

легло
krevet

метла
metla

кофа
kanta

електрически ключ
prekidač

всекидневна
dnevni boravak

тапет
tapeta
картина
fotografija
лампа
lampa
рафт
polica
шкаф
ormar
телевизор
televizija
камина
dimnjak
цвете
cvijet
възглавница
jastuk
канапе
kauč
ваза
vaza
дистанционно управление
daljinski upravljač

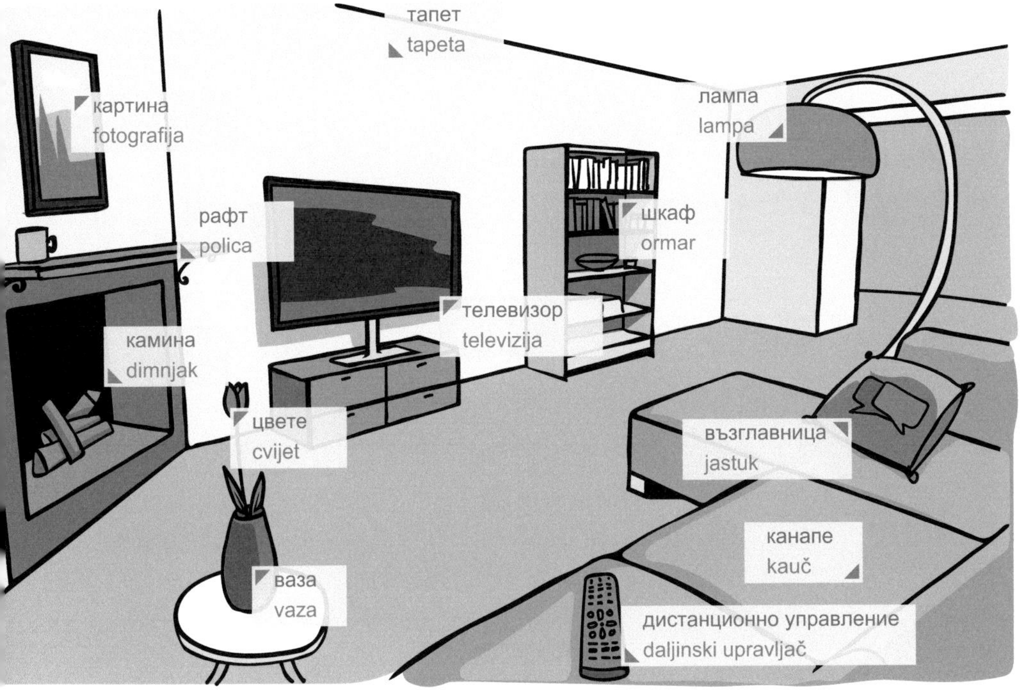

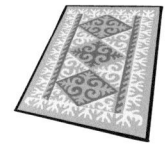

килим

tepih

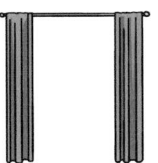

завеса

zavjesa

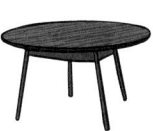

маса

stol

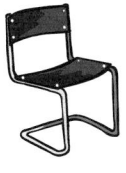

стол

stolica

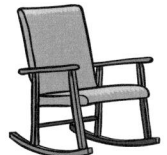

люлеещ се стол

stolica za ljuljanje

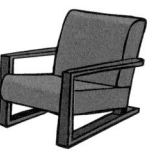

кресло

fotelja

книга
knjiga

одеяло
deka

декорация
dekoracija

дърва за отопление
ložno drvo

филм
film

стерео уредба
stereo uređaj

ключ
ključ

вестник
novine

живопис
umjetnička slika

постер
poster

радио
radio

бележник
blok za bilješke

прахосмукачка
usisavač

кактус
kaktus

свещ
svijeća

кухня
kuhinja

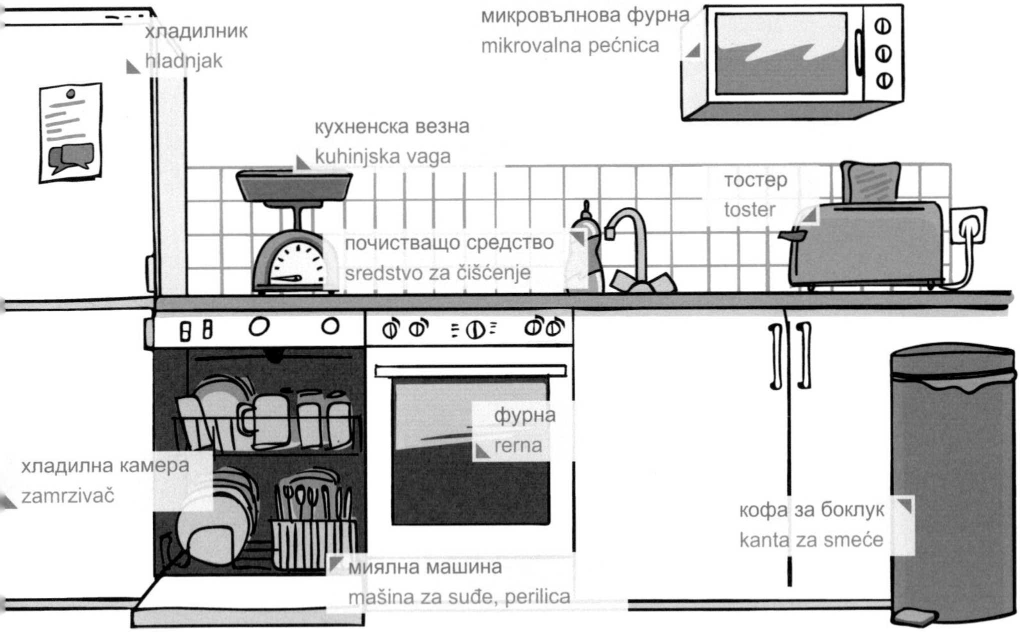

хладилник
hladnjak
микровълнова фурна
mikrovalna pećnica
кухненска везна
kuhinjska vaga
тостер
toster
почистващо средство
sredstvo za čišćenje
фурна
rerna
хладилна камера
zamrzivač
кофа за боклук
kanta za smeće
миялна машина
mašina za suđe, perilica

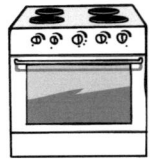

готварска печка
peć

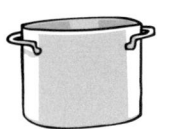

тенджера
lonac

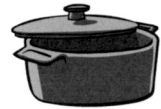

желязна тенджера
metalni lonac

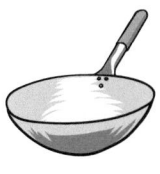

уок / кадаи
vok / kadai

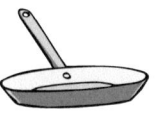

тиган
tava, tiganj

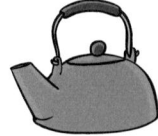

кана за затопляне на вода
kuhalo

уред за готвене на пара

aparat za kuhanje na pari

тава за печене

lim za pečenje

съдове

posuđe

чаша

šalica

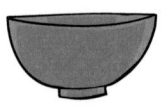

купа

činija

клечки за хранене

kineski štapići

черпак

kutlača

лопатка за тиган

lopatica

тел за разбиване (на яйца, белтъци)

metlica za snijeg bjelanjca

кошница за варене

sito za kuhanje

гевгир

sito

ренде

ribež

хаван

avan s tučkom

барбекю

roštilj

огнище

ložište

36   кухня - kuhinja

дъска

daska

точилка

oklagija

тирбушон

vadičep

кутия

konzerva

отварачка за консерви

otvarač za konzerve

кухненска ръкохватка

krpe za lonac

мивка

sudoper

четка

četka

гъба

spužva

миксер

mikser

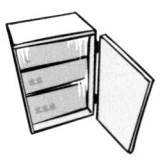

фризер

zamrzivač

бебешко шише

flašica za bebu

воден кран

slavina

баня

kupatilo

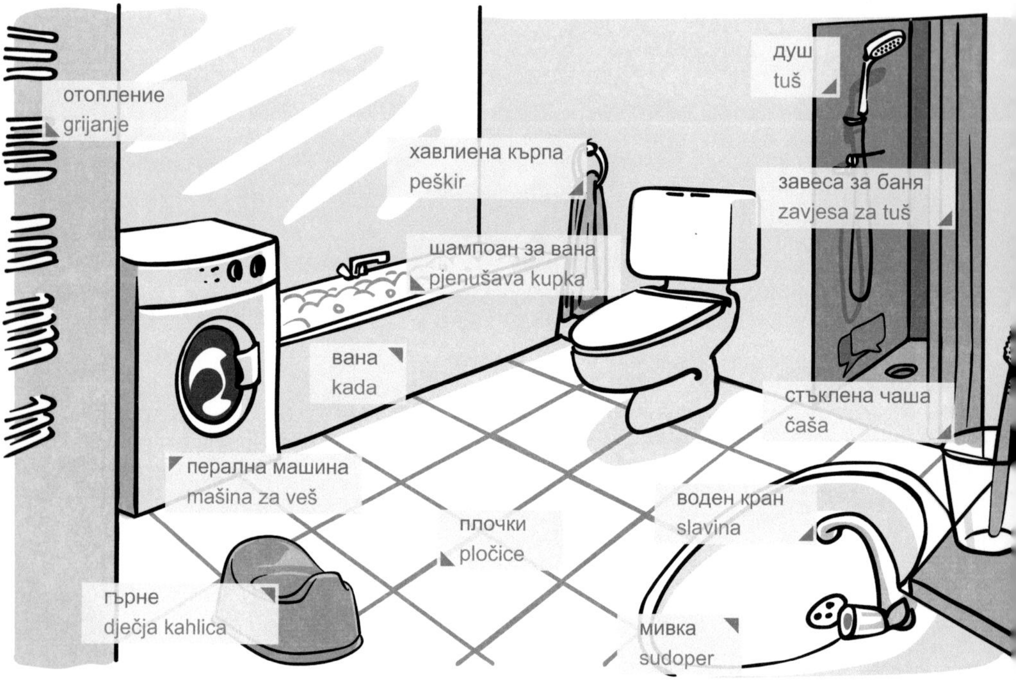
отопление
grijanje
хавлиена кърпа
peškir
душ
tuš
завеса за баня
zavjesa za tuš
шампоан за вана
pjenušava kupka
вана
kada
стъклена чаша
čaša
перална машина
mašina za veš
воден кран
slavina
плочки
pločice
гърне
dječja kahlica
мивка
sudoper

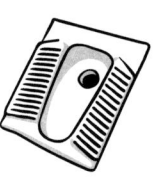

тоалетна

toalet

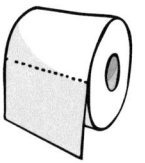

клекало

čučavac

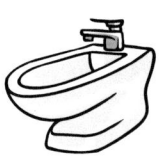

биде

bide

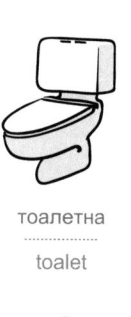

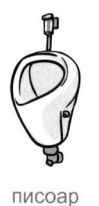

писоар

pisoar

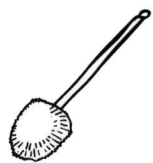

тоалетна хартия

toalet papir

четка за тоалетна

četka za wc

четка за зъби

četkica za zube

паста за зъби

pasta za zube

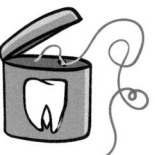

конец за зъби

zubni konac

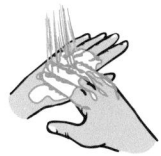

мия

prati

ръчен душ

tuš

интимен душ

intimni tuš

леген

lavor

четка за гръб

četka za leđa

сапун

sapun

душ гел

gel za tuširanje

шампоан за вана

šampon

гъба за баня

krpe za pranje

сифон

odvod

крем

krema

дезодорант

dezodorans

огледало

ogledalo

козметично огледало

ogledalo za šminkanje

ръчна самобръсначка

brijač

пяна за бръснене

pjena za brijanje

одеколон за след
бръснене
vodica poslije brijanja

гребен

češalj

четка

četka

сешоар

fen

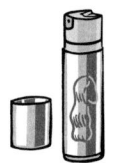

спрей за коса

sprej za kosu

грим

puder

червило

karmin

лак за нокти

lak za nokte

памук

vata

ножица за нокти

makazice za nokte

парфюм

parfem

тоалетна чантичка

kozmetička torbica

табуретка

hoklica

везна

vaga

хавлия

kupaći ogrtač

домакински ръкавици

rukavice za čišćenje

тампон

tampon

дамски превръзки

uložak za dame

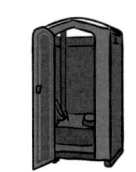

химическа тоалетна

hemijski toalet

детска стая
dječija soba

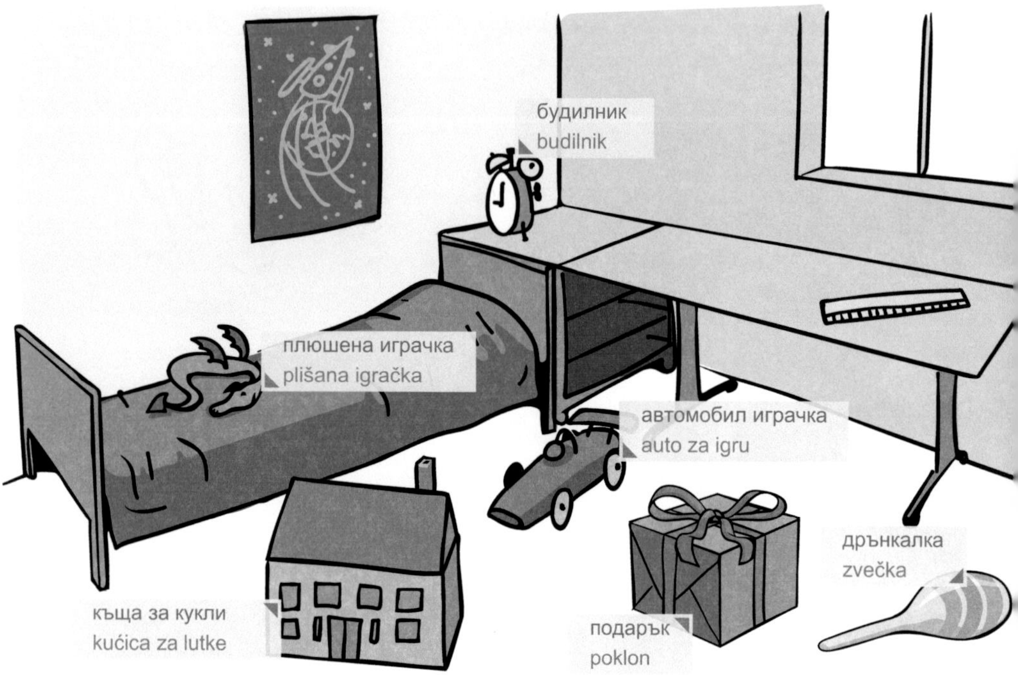
будилник
budilnik
плюшена играчка
plišana igračka
автомобил играчка
auto za igru
дрънкалка
zvečka
къща за кукли
kućica za lutke
подарък
poklon

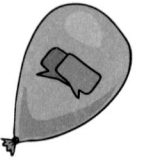

балон

balon

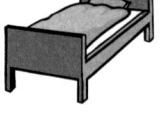

легло

krevet

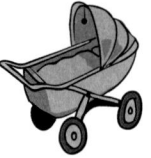

детска количка

kolica za djecu

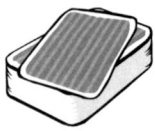

игра на карти

karte za igranje

пъзел

puzle

SUPER
MEGA

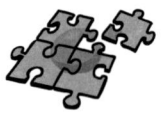

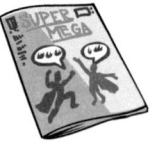

комикс

strip

лего елементи

lego kockice

строителни елементи

kockice za gradnju

екшън фигурка

akcione figure

бебешки гащеризон

benkica

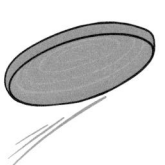

фрисби

frizbi

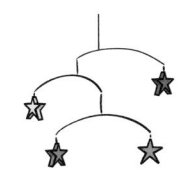

бебешки играчки за легло

mobile

настолна игра

igra na ploči

зарче

kocka

миниатюрно влакче

miniatura željeznice

биберон

cucla

парти

zabava

детска книга с илюстрации

slikovnica

топка

lopta

кукла

lutka

играя

igrati

пясъчник

pješćanik

люлка

ljuljačka

играчка

igračke

игрова конзола

konzola za igru

велосипед с три колелета

triciklo

плюшено мече

medvjedić

гардероб

ormar

облекло
odjeća

къси чорапи

kratke čarape

дълги чорапи

čarape

чорапогащник

hulahopke

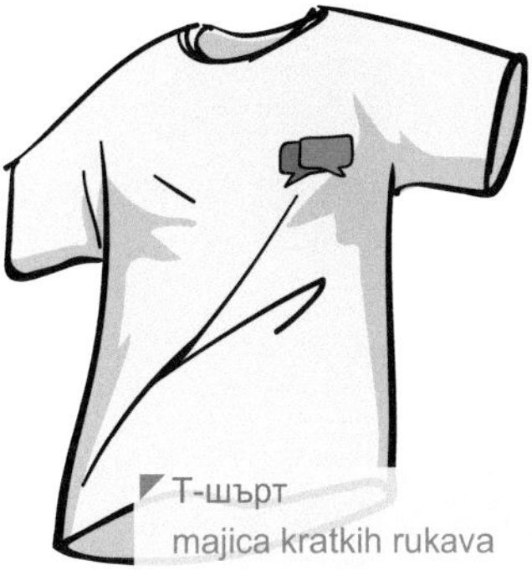

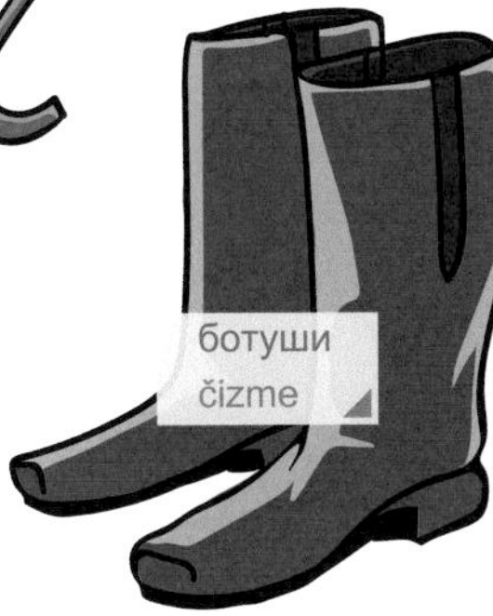

шал
šal

колан
kaiš

чадър
kišobran

Т-шърт
majica kratkih rukava

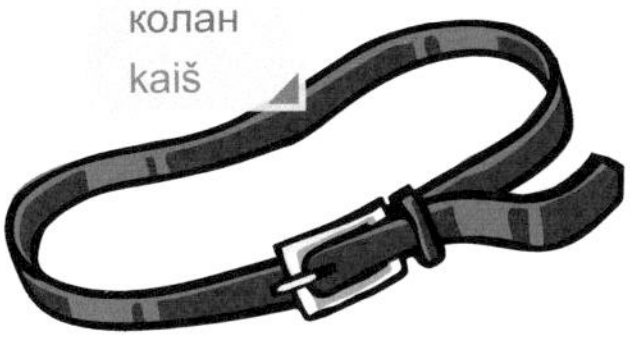

гуменки
patike

ботуши
čizme

пантофи
papuče

сандали
sandale

обувки
cipele

гумени ботуши
gumene čizme

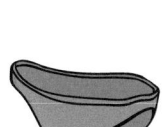

слип
gaće

сутиен
grudnjak

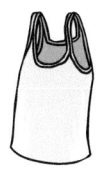

долна блуза
potkošulja

боди

bodi

панталон

hlače

дънки

farmerke

пола

suknja

блуза

bluza

риза

košulja

пуловер

džemper

суичър

majica

блейзър

sako

яке

jakna

палто

mantil

дъждобран

kišni mantil

костюм

kostim

рокля

haljina

булчинска рокля

vjenčanica

костюм

odijelo

нощница

spavaćica

пижама

pidžama

сари

sari

кърпа за глава

marama

тюрбан

turban

бурка

burka

кафтан

kaftan

абая

abaja

бански костюм

kupaći kostim

плувни шорти

kupaće gaće

къс панталон

kratke hlače

анцуг

trenerka

престилка

pregača

ръкавици

rukavice

копче

dugme

очила

naočare

гривна

narukvica

верижка

ogrlica

пръстен

prsten

обеца

naušnica

каскет

kapa

закачалка

vješalica

шапка

šešir

вратовръзка

kravata

цип

patentni zatvarač

каска

kaciga

тиранти

tregeri za hlače

ученическа униформа

školska uniforma

униформа

uniforma

48   облекло - odjeća

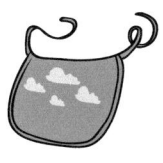

лигавник

podbradak

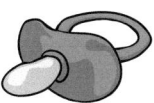

биберон

cucla

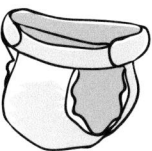

пелена

pelene

офис

ured

сървър
server
шкаф за документи
ormar za kartoteku
хартия
papir
принтер
štampač
монитор
monitor
мишка
miš
бюро
pisaći sto
папка
registrator
клавиатура
tastatura
кошче за хартиени отпадъци
korpa za papir
компютър
kompjuter
стол
stolica

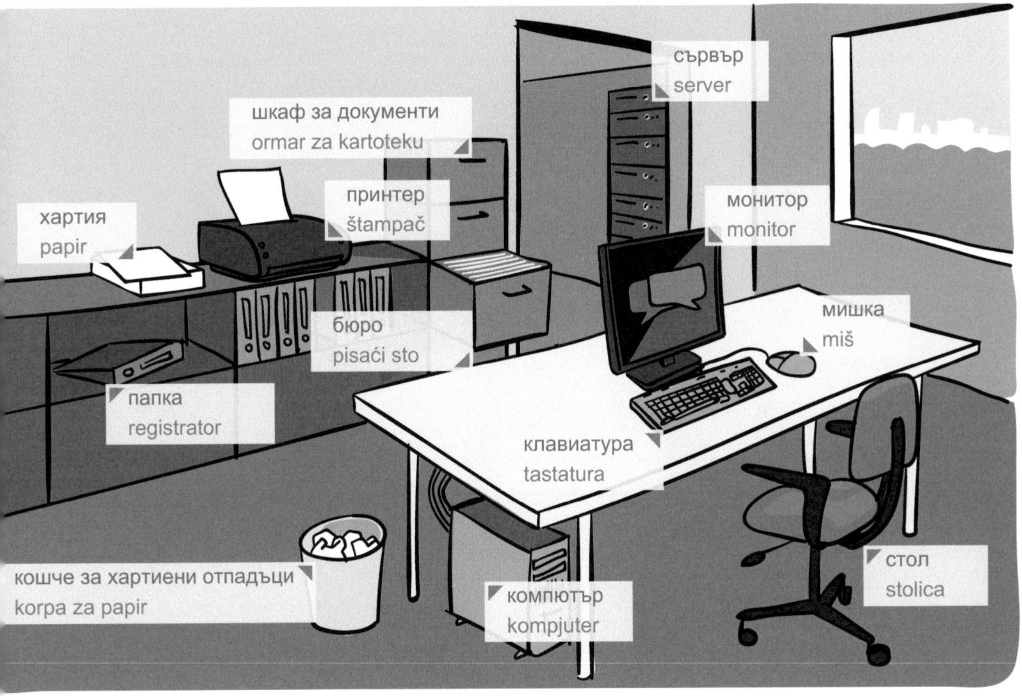

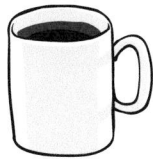

чаша за кафе

šolja za kafu

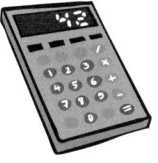

джобен калкулатор

kalkulator

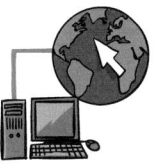

интернет

internet

лаптоп

laptop

писмо

pismo

съобщение

poruka

мобилен телефон

mobilni telefon

мрежа

mreža

ксерокс

aparat za kopiranje

софтуер

softver

телефон

telefon

контакт

utičnica

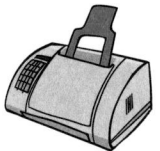

факс

faks

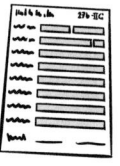

формуляр

formular

документ

dokument

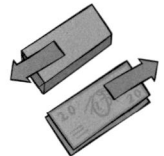

купувам

kupovati

плащам

platiti

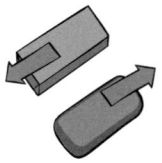

търгувам

trgovati

пари

novac

долар

dolar

евро

euro

йена

jen

рубла

rublja

швейцарски франк

franak

ренминби юан

renminbi jen

рупия

rupi

банкомат

bankomat

обменно бюро

mjenjačnica

злато

zlato

сребро

srebro

нефт

nafta

енергия

energija

цена

cijena

договор

ugovor

данък

porez

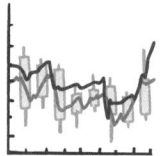

акция

akcija

работя

raditi

служител

službenik

работодател

poslodavac

фабрика

fabrika

магазин за цветя

radnja

икономика - ekonomija

професии
zanimanja

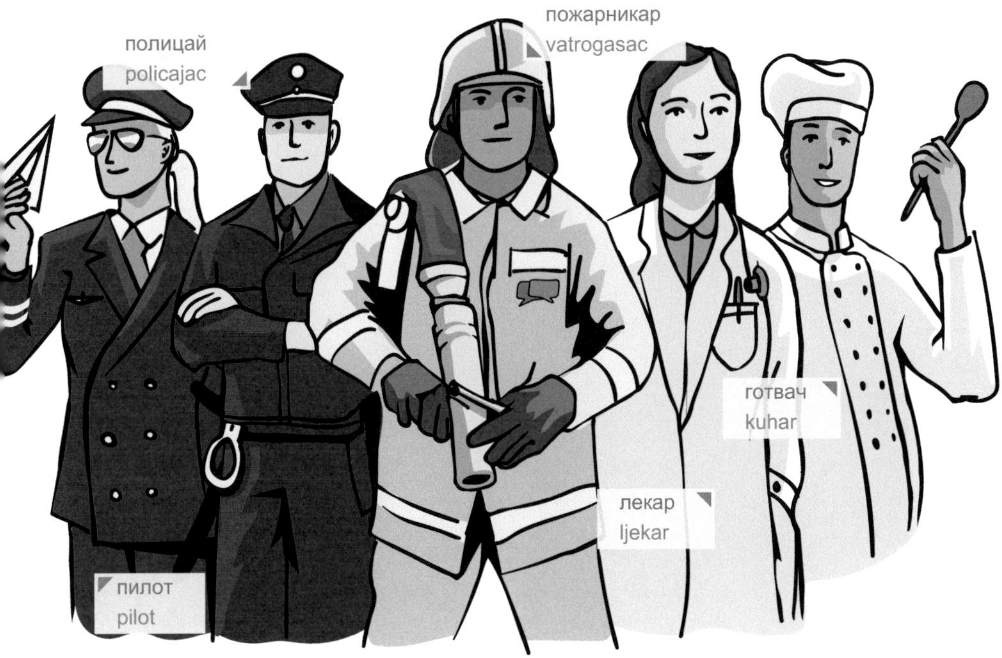
полицай
policajac
пожарникар
vatrogasac
готвач
kuhar
лекар
ljekar
пилот
pilot

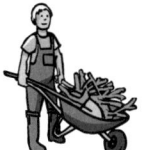

градинар

bаštovan

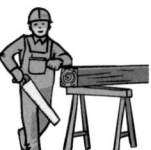

мебелист

stolar

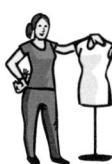

шивачка

krojačica

съдия

sudija

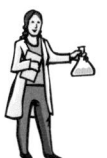

химик

hemičar

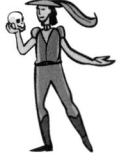

артист

glumac

шофьор на автобус

vozač autobusa

шофьор на такси

vozač taksija

рибар

ribar

чистачка

čistačica

мајстор на покриви

krovopokrivač

келнер

konobar

ловец

lovac

художник

moler

хлебар

pekar

електротехник

električar

строителен работник

građevinski radnik

инженер

inženjer

касапин

koljač

тенекеджия

limar, vodoinstalater

пощальон

poštar

войник

vojnik

архитект

arhitekta

касиер

blagajnik

цветар

cvjećar

фризьор

frizer

кондуктор

kontrolor

механик

mehaničar

капитан

kapiten

зъболекар

zubar

научен работник

naučnik

равин

rabin

имàм

imam

монах

monah

свещеник

sveštenik

инструменти
alat

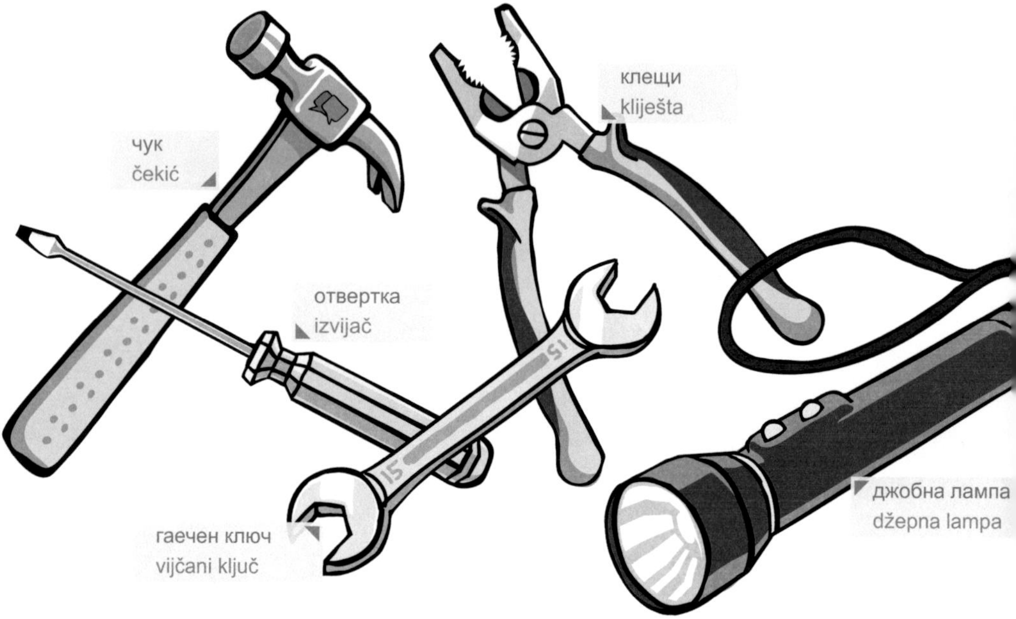

клещи
kliješta
чук
čekić
отвертка
izvijač
гаечен ключ
vijčani ključ
джобна лампа
džepna lampa

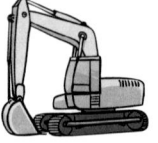

багер

bager

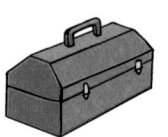

кутия за инструменти

kutija sa alatom

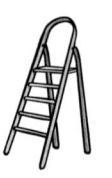

стълба

ljestve

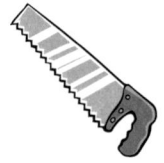

трион

testera, pila

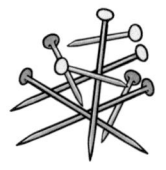

пирони

ekser

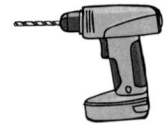

бормашина

bušilica

ремонтирам

popraviti

лопата

lopata

По дяволите!

sranje!

лопатка за смет

lopatica

кутия за боя

kanta boje

болтове

vijak

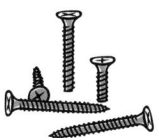

музикални инструменти
muzički instrumenti

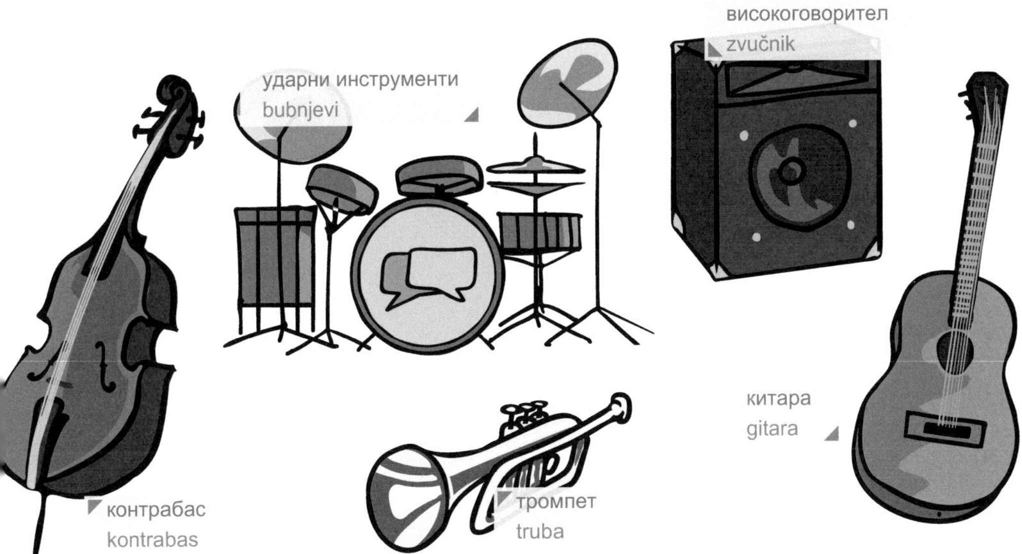

ударни инструменти
bubnjevi

високоговорител
zvučnik

китара
gitara

контрабас
kontrabas

тромпет
truba

пиано

klavir

виолина

violina

контрабас

bas

тимпан

bubanj timpani

барабан

bubanj

електрическо пиано

sintisajzer

саксофон

saksofon

флейта

flauta

микрофон

mikrofon

зоологическа градина
zološki vrt

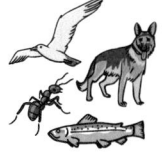

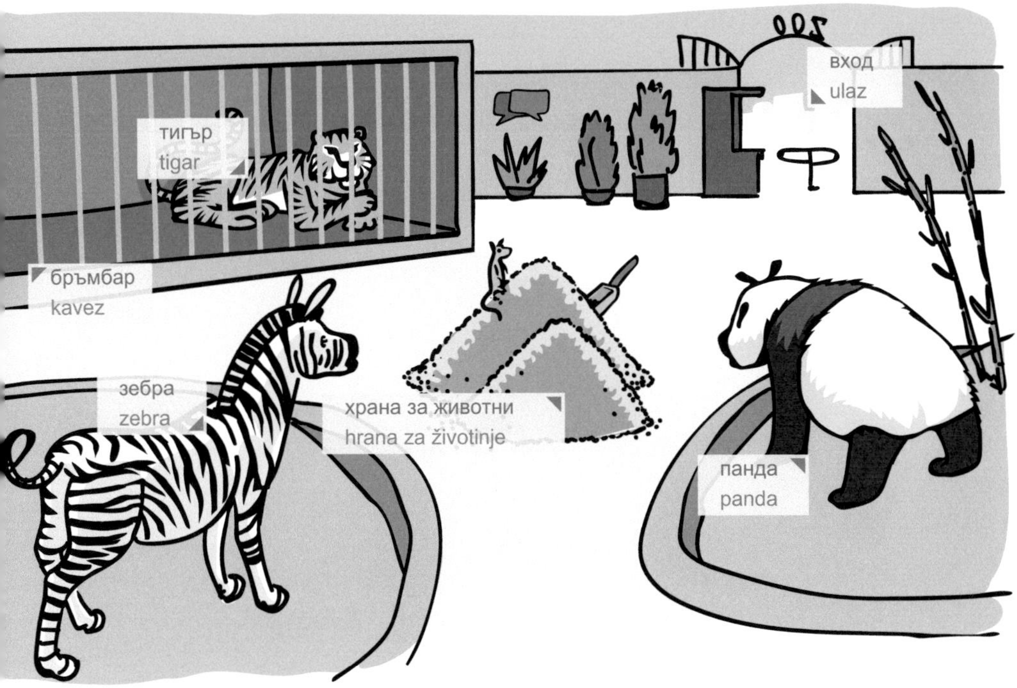
тигър
tigar
вход
ulaz
бръмбар
kavez
зебра
zebra
храна за животни
hrana za životinje
панда
panda

животни

životinje

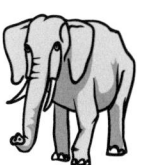

слон

slon

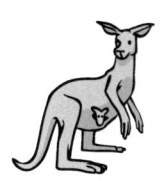

кенгуру

kengur

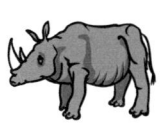

носорог

nosorog

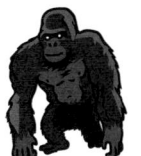

горила

gorila

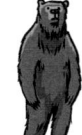

мечка

medvjed

камила

kamila

щраус

noj

лъв

lav

маймуна

majmun

фламинго

flamingo

папагал

papagaj

бяла мечка

polarni medvjed

пингвин

pingvin

акула

morski pas

паун

paun

змия

zmija

крокодил

krokodil

пазач в зоологическа
градина

čuvar u zološkom vrtu

тюлен

tuljan

ягуар

jaguar

пони

poni

леопард

leopard

хипопотам

nilski konj

жираф

žirafa

орел

orao

диво прасе

divlja svinja

риба

riba

костенурка

kornjača

морж

morž

лисица

lisica

газела

gazela

американски футбол
američki fudbal

колоездене
vožnja bicikla

тенис
tenis

баскетбол
košarka

плуване
plivanje

бокс
boks

хокей на лед
hokej na ledu

футбол

fudbal

бадминтон

bedminton

лека атлетика

laka atletika

хандбал

rukomet

ски бягане

skijanje

поло

polo

скачам
skakati

смея се
smijati se

прегръщам
zagrliti

пея
pjevati

вървя
ići

моля се
moliti

целувам
ljubiti

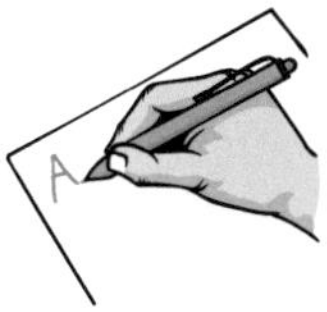

сънувам
sanjati

пиша
pisati

рисувам
crtati

показвам
pokazati

бутам
gurati

давам
dati

взимам
uzeti

имам

imati

правя

raditi

съм

biti

стоя

stajati

тичам

trčati

дърпам

vući

хвърлям

baciti

падам

pasti

лежа

ležati

чакам

čekati

нося

nositi

седя

sjediti

обличам

obući

спя

spavati

събуждам се

probuditi

разглеждам

pogledati

плача

plakati

милвам

milovati

реша се

češljati

говоря

govoriti

разбирам

razumjeti

питам

pitati

слушам

slušati

пия

piti

ям

jesti

разтребвам

pospremiti

обичам

voljeti

готвя

kuhati

карам автомобил

voziti

летя

letjeti

плавам (с платна)

jedriti

смятане

računati

чета

čitati

уча

učiti

работя

raditi

женя се

vjenčavti

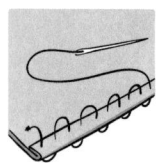

шия

šiti

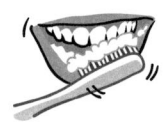

измивам си зъбите

prati zube

убивам

ubiti

пуша

pušiti

изпращам

slati

семейство
porodica

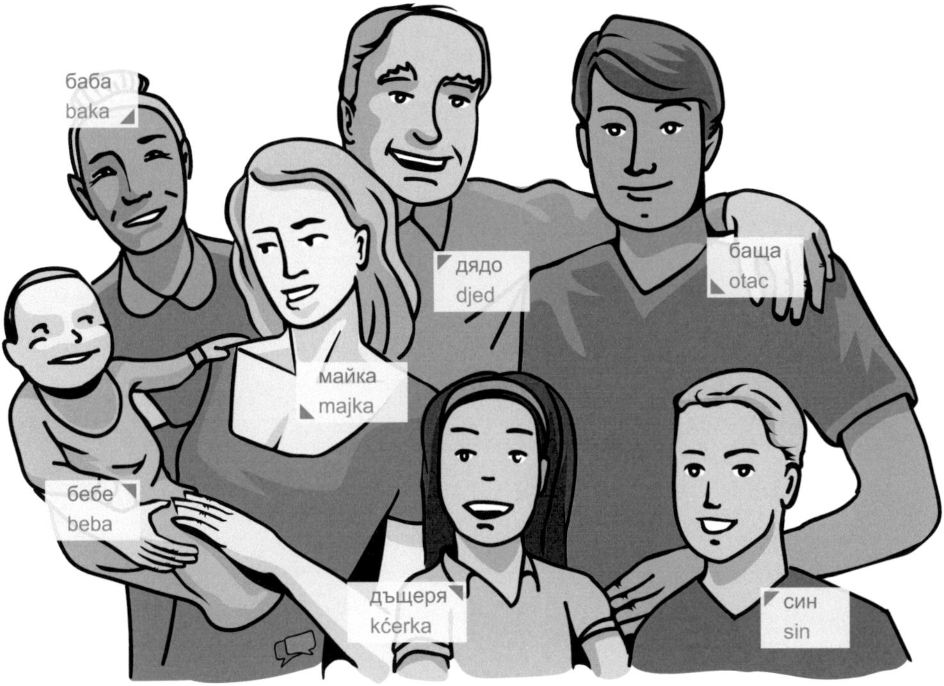
баба
baka
дядо
djed
баща
otac
майка
majka
бебе
beba
дъщеря
kćerka
син
sin

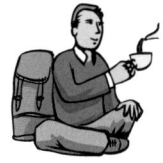

посетител

gost

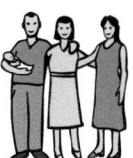

леля

ujna, tetka, strina

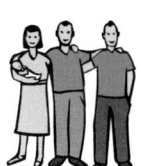

чичо

ujak, tetak, stric

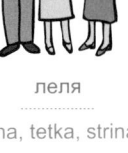

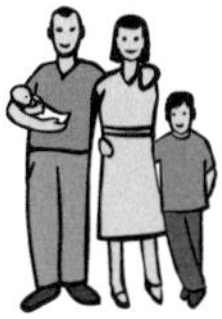

брат

brat

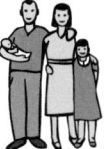

сестра

sestra

тяло

tijelo

чело
čelo
око
oko
рамо
leđa
пръст
prst
лице
lice
брадичка
brada
ръка
ruka, šaka
крак
noga
гърди
grudi
ръка
ruka

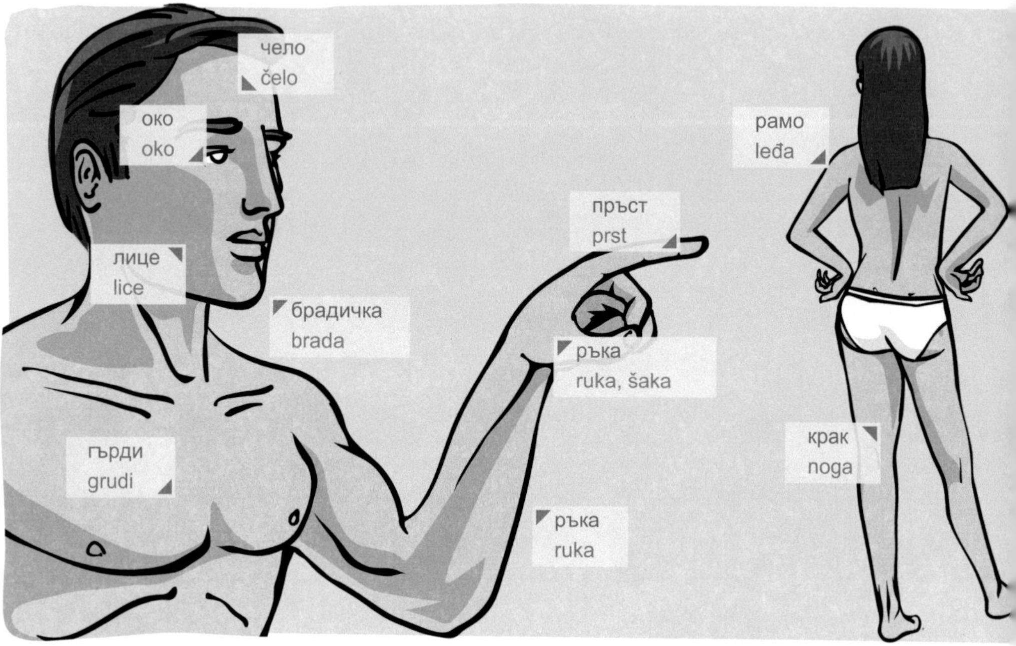

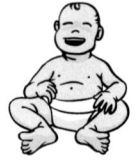

бебе

beba

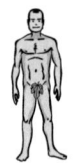

мъж

muškarac

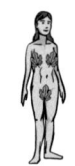

жена

žena

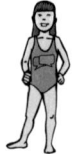

момиче

djevojčica

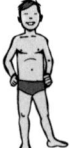

момче

dječak

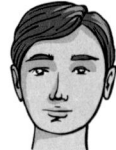

глава

glava

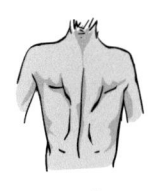

гръб

leđa

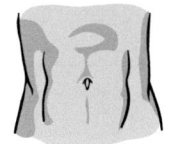

корем

stomak

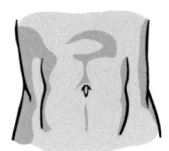

пъп

pupak

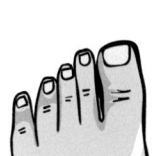

пръст на крака

nožni prst

пета

peta

кост

kosti

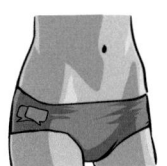

хълбок

kuk

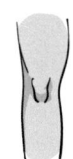

коляно

koljeno

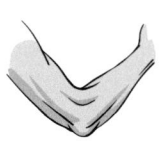

лакът

lakat

нос

nos

седалище

stražnjica

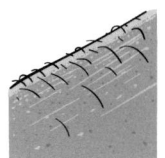

кожа

koža

буза

obraz

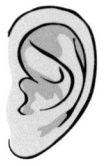

ухо

uho

устна

usna

уста

usta

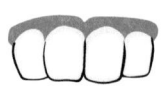

зъб

zub

език

jezik

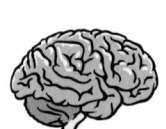

мозък

mozak

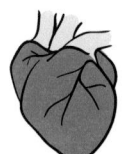

сърце

srce

мускул

mišić

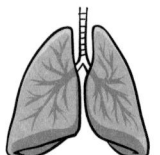

бял дроб

pluća

черен дроб

jetra

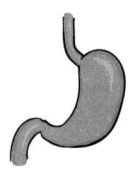

стомах

želudac

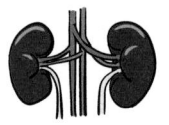

бъбреци

bubreg

полово сношение

spolni odnos

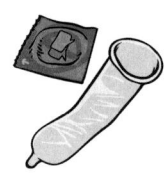

кондом

kondom

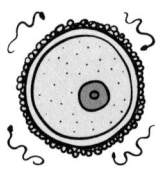

яйцеклетка

jajna ćelija

сперма

sperma

бременност

trudnoća

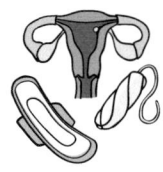

менструация

menstruacija

вагина

vagina

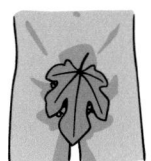

пенис

penis

вежда

obrva

коса

kosa

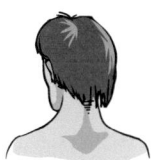

шия

vrat

болница
bolnica

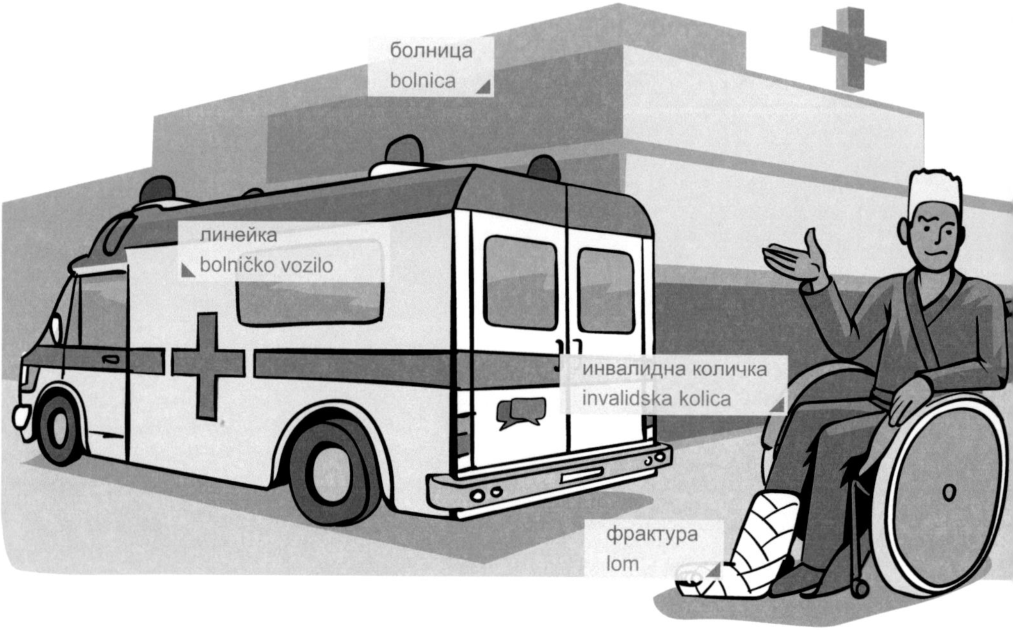

болница
bolnica
линейка
bolničko vozilo
инвалидна количка
invalidska kolica
фрактура
lom

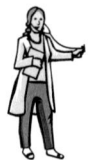

лекар

ljekar

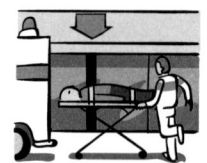

спешна хоспитализация

hitna služba

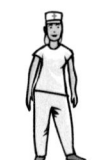

медицинска сестра

medicinska sestra

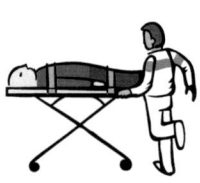

спешен случай

hitna pomoć

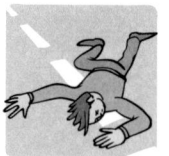

в безсъзнание

nesvjest

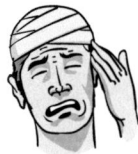

болка

bol

нараняване

povreda

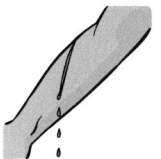

кървене

krvarenje

инфаркт

srčani udar, infarkt

инсулт

moždani udar

алергия

alergija

кашлица

kašalj

температура

groznica

грип

gripa

диария

proljev

главоболие

glavobolja

рак

rak

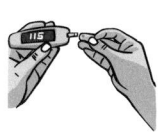

диабет

dijabetes

хирург

hirurg

скалпел

skalpel

операция

operacija

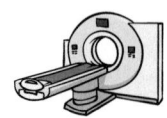

компютърна томография

CT

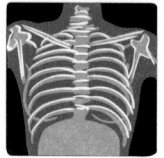

рентген

rendgen

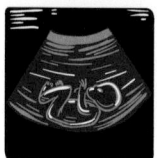

ултразвук

ultrazvuk

маска

maska

болест

bolest

чакалня

čekaonica

патерица

štake

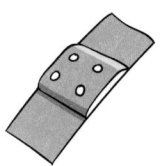

пластир

flaster

превръзка

zavoj

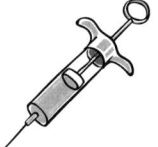

инжекция

injekcija

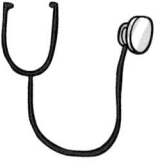

стетоскоп

stetoskop

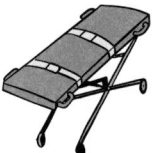

носилка

nosilo

термометър

termometar

раждане

porod

наднормено тегло

prekomjerna težina, debljina

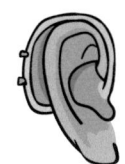

слухов апарат

slušni aparat

дезинфекционно средство

sredstvo za dezinfekciju

инфекция

infekcija

вирус

virus

HIV / AIDS

HIV/ AIDS

медицина

medicina

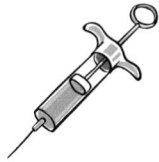

ваксинация

vakcinacija

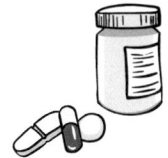

таблети

tablete

противозачатъчна таблетка

pilula

спешно телефонно обаждане

hitni poziv

апарат за измерване на кръвното налягане

aparat za mjerenje pritiska

болен / здрав

bolestan / zdrav

Помощ!

Upomoć!

сигнал за тревога

alarm

нападение

napad, prepad

атака

napad

опасност

opasnost

аварие изход

izlaz u slučaju opasnosti

Пожар!

Požar!

пожарогасител

vatrogasni aparat

злополука

nezgoda

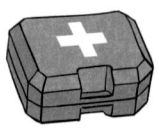

комплект за оказване на
първа помощ

torba prve pomoći

SOS

SOS

полиция

policija

Европа

Europa

Северна Америка

Sjeverna Amerika

Южна Америка

Južna Amerika

Африка

Afrika

Азия

Azija

Австралия

Australija

Атлантически океан

Atlantik

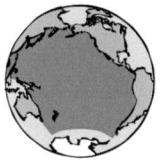

Тихи океан

Pacifik

Индийски океан

Indijski okean

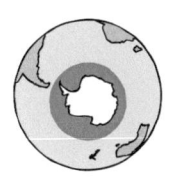

Южен ледовит океан

Antarktički okean

Северен ледовит океан

Arktički okean

Северен полюс

Sjeverni pol

Южен полюс

Južni pol

Антарктида

Antarktik

Земя

Zemlja

суша

zemlja

море

more

остров

ostrvo

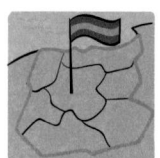

нация

nacija

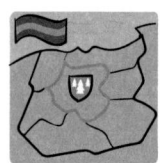

държава

država

циферблат

brojčanik sata

стрелка на часовете

kazaljka sata

стрелка на минутите

kazaljka minute

стрелка на секундите

kazaljka sekunde

Колко е часът?

Koliko je sati?

ден

dan

време

vrijeme

сега

sada

дигитален часовник

digitalni sat

минута

minuta

час

sat

седмица
sedmica, nedjelja

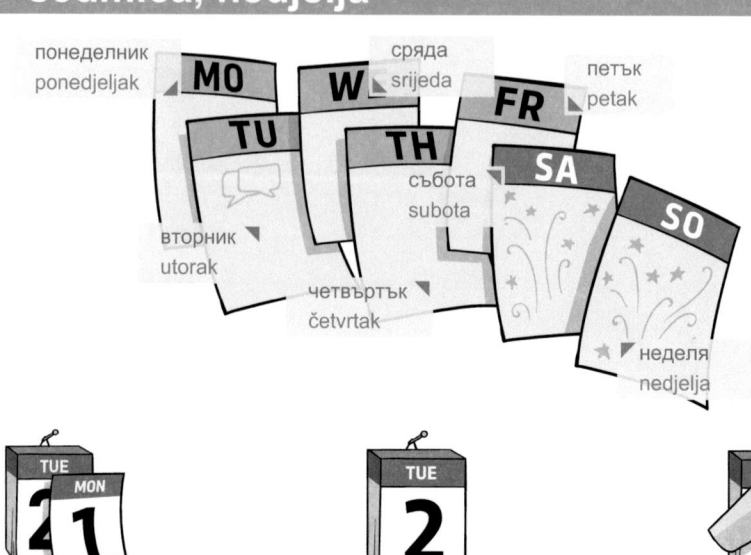

понеделник
ponedjeljak

сряда
srijeda

петък
petak

вторник
utorak

четвъртък
četvrtak

събота
subota

неделя
nedjelja

вчера
juče

днес
danas

утре
sutra

сутрин
jutro

обед
podne

вечер
veče

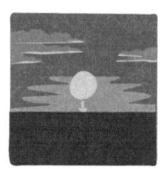

работни дни
radni dani

уикенд
vikend

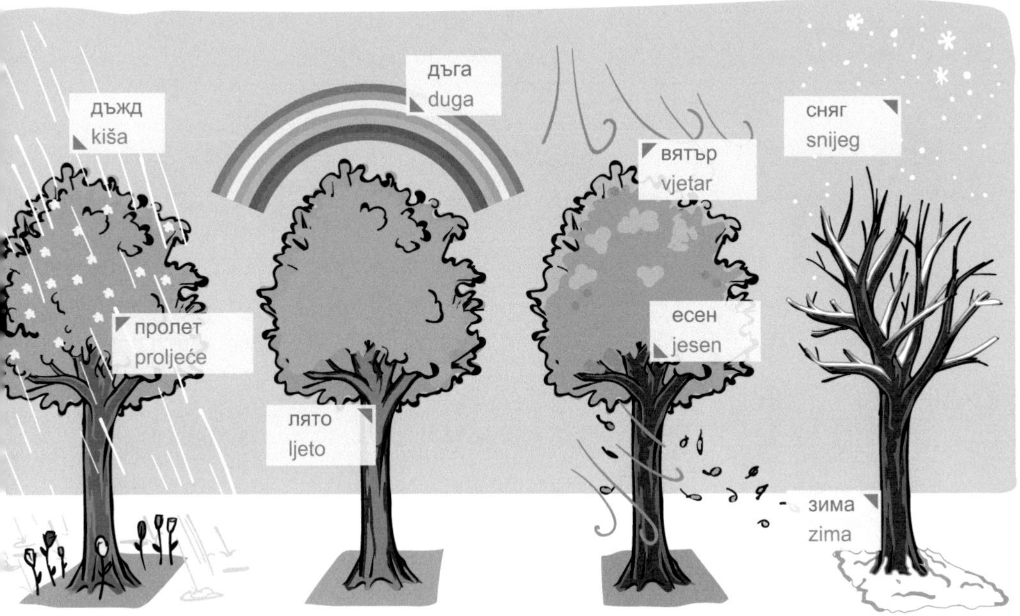

дъжд
kiša

дъга
duga

вятър
vjetar

сняг
snijeg

пролет
proljeće

есен
jesen

лято
ljeto

зима
zima

прогноза за времето

prognoza vremena

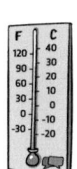

термометър

termometar

слънчева светлина

sunčev sjaj

облак

oblak

мъгла

magla

влажност на въздуха

vlažnost vazduha

светкавица

munja

гръмотевица

grom

буря

oluja

градушка

tuča, led

мусон

monsun

наводнение

poplava

лед

led

януари

januar

февруари

februar

март

mart

април

april

май

maj

юни

juni

юли

juli

август

avgust

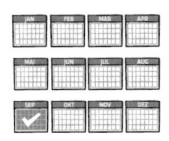

септември

....

septembar

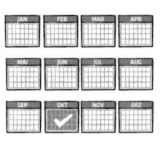

октомври

....

oktobar

ноември

....

novembar

декември

....

decembar

форми
oblici

кръг

....

krug

квадрат

....

kvadrat

четириъгълник

....

pravougao

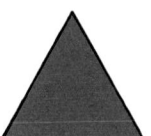

триъгълник

....

trougao

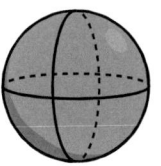

сфера

....

kugla

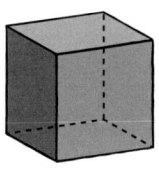

куб

....

kocka

цветове
boje

бял

bjel

жълт

žut

оранжев

narandžast

розов

pink

червен

crven

лилав

ljubičast

син

plav

зелен

zelen

кафяв

smeđ

сив

siv

черен

crn

много / малко

malo / mnogo

ядосан / спокоен

ljutit / miran

красив / грозен

lijep / ružan

начало / край

početak / kraj

голям / малък

veliki / mali

светъл / тъмен

svijetlo / tamno

брат / сестра

brat / sestra

чист / мръсен

čist / prljav

пълен / непълен

potpun / nepotpun

ден / нощ

dan / noć

мъртъв / жив

mrtav / živ

широк / тесен

široko / usko

ядлив / неядлив

ukusno / neukusno

сърдит / любезен

zao / prijatan

развълнуван / скучаещ

uzbuđen / dosadan

дебел / тънък

debeo / mršav

най-напред / най-накрая

najprije / najkasnije

приятел / враг

prijatelj / neprijatelj

пълен / празен

pun / prazan

твърд / мек

trvd / mekan

тежък / лек

težak / lagan

глад / жажда

glad / žeđ

болен / здрав

bolestan / zdrav

нелегален / легален

ilegalan / legalan

интелигентен / глупав

inteligentan / glup

ляво / дясно

lijevo / desno

близо / далече

blizu / daleko

нов / употребяван

nov / polovan

нищо / нещо

ništa / nešto

стар / млад

star / mlad

вкл. / изкл.

uključeno / isključeno

отворен / затворен

otvoreno / zatvoreno

тих / силен (звук)

tiho / glasno

богат / беден

bogat / siromašan

правилен / погрешен

tačno / pogrešno

грапав / гладък

hrapav / glatak

тъжен / щастлив

tužan / srećan

дълъг / къс

kratak / dug

бавен / бърз

spor / brz

мокър / сух

mokro / suho

топъл / студен

toplo / hladno

война / мир

rat / mir

0

нула

nula

1

едно

jedan

2

две

dva

3

три

tri

4

четири

četiri

5

пет

pet

6

шест

šest

7

седем

sedam

8

осем

osam

9

девет

devet

10

десет

deset

11

единадесет

jedanaest

12

дванадесет

dvanaest

13

тринадесет

trinaest

14

четиринадесет

četrnaest

15

петнадесет

petnaest

16

шестнадесет

šesnaest

17

седемнадесет

sedamnaest

18

осемнадесет

osamnaest

19

деветнадесет

devetnaest

20

двадесет

dvadeset

100

сто

sto

1.000

хиляда

hiljada

1.000.000

милион

milion

английски

engleski

американски английски

američki engleski

китайски мандарин

kinesko mandarinski

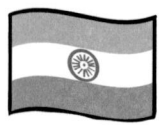

хинди

hindi

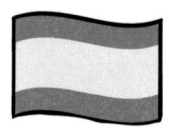

испански

španski

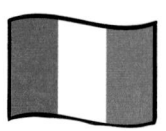

френски

francuski

арабски

arapski

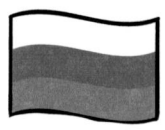

руски

ruski

португалски

portugalski

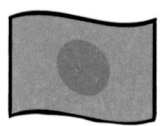

бенгалски

bengalski

немски

njemački

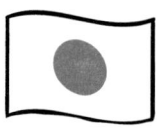

японски

japanski

аз
ja

ти
ti

той / тя / то
on / ona / ono

ние
mi

вие
vi

те
oni

кой?
ko?

какво?
šta?

как?
kako?

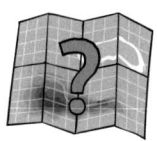

къде?
gdje?

кога?
kada?

име
ime

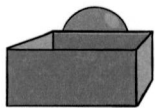

зад

iza

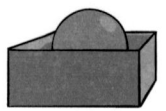

в

u

пред

pred

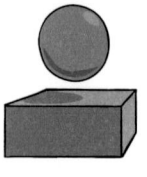

над

iznad

върху

na

под

ispod

до

pored

между

između

място

mjesto